Género **Ficción**

I0800782

¿? Pregunta esencial

¿Cómo puede una mascota ser un buen amigo?

Más que una mascota

Miguel Ísola
ilustrado por Julissa Mora

LECTURA COMPLEMENTARIA

Este es Chander. Tiene siete años. Adora hacer deportes, corretear y dar brincos.

Pero lo que más le gusta son los animales.

Esta niña con bucles negros es Lali. Es la hermana de Chander.

Ella adora leer. Pero también ama a los animales.

Juntos cuidan de las
mascotas de la familia.

Ahora están buscando
a Neco.

Neco es un conejo.

Siempre se pierde
en el jardín.

—Neco, ¿dónde estás?
Ven a comer tu zanahoria
—dice Lali.

—¡Ahí está, debajo del
arbusto! —dice Chander.

Neco es el más joven de la familia. Tiene apenas seis meses. La zanahoria es su manjar preferido.

¡Le gusta que le hagan cosquillas en la panza!

Detective del lenguaje ¿Cuál es el sujeto de la oración subrayada?

La mascota más antigua es Trini, la canaria.

Ya tiene tres años.

¡Es muy amarilla!

Ella es la artista de
la familia.

¡Siempre está cantando!

A Neco le gusta escuchar. Asiente cuando le hacen una pregunta. ¿Y qué les gusta a los peces? Ellos aman nadar.

Los peces son Lulu y Pepe.

No es fácil relacionarse con ellos.

¡Pero son muy bellos!

Chander alimenta a los peces. No es una comida grandiosa. Se parece a las migajas de pan.

Pero para ellos es apetitosa.

Detective del lenguaje	¿Cuál es el sujeto de la oración subrayada?

Hay un anotador junto a
la pecera.

¡No hay que olvidarse de
darles de comer a los peces!

¿Y qué come Trini?

Lo que ella prefiere es
¡un suculento alpiste!

Con sus mascotas, Chander y Lali no dejan de disfrutar.

Corren, cantan y miran a los peces nadar.

Vivir con ellos da
mucha alegría.

Pero lo que más les
gusta es su amistad
y su compañía.

Respuesta a la lectura

Resumir

Usa detalles como ayuda para resumir *Más que una mascota.*

Personaje	Ambiente	Sucesos

Evidencia en el texto

1. ¿Cómo sabes que este es un cuento de ficción? **Género**
2. ¿Dónde viven los peces? Mira las ilustraciones. **Usar ilustraciones**
3. Usa claves para definir *antigua* en la página 7. **Claves de contexto**
4. Escribe acerca de las mascotas del cuento. **Escribir sobre la lectura**

Género **Poesía**

Compara los textos

Lee sobre una mascota especial.

Trato hecho

Amado Nervo

—Oye, pichoncito amigo,

yo quiero jugar contigo.

—Niño, si quieres jugar,

ven, sube a mi palomar.

—Me faltan alas, no puedo...

baja tú, no tengas miedo.

—Sin miedo voy a bajar,
y jugaré satisfecho;
pero trigo me has de dar.
—Pichoncito, trato hecho.

Haz conexiones

¿Cómo pueden las mascotas ser nuestros amigos? **Pregunta esencial**

¿En qué se parecen los niños del cuento y el niño del poema? **El texto y otros textos**

Enfoque:

Elementos literarios

Rima Las palabras que riman tienen el mismo sonido final.

Lee y descubre En el poema *Trato hecho,* las palabras *amigo* y *contigo* tienen los mismos sonidos finales. ¿Qué otras palabras riman en el poema?

Tu turno

Escribe un poema sobre un animal que sea tu amigo. Usa palabras que riman al final de algunos versos.